Zhongguo Wenhua
Zhishi Duben

中国文化知识读本

泰 山

主编 金开诚

编著 姚 雪

吉林出版集团有限责任公司

吉林文史出版社

图书在版编目（CIP）数据

泰山/姚雪编著. —— 长春：吉林出版集团有限责任公司：吉林文史出版社，2009.12（2023.4重印）（中国文化知识读本）

ISBN 978-7-5463-1291-0

Ⅰ. ①泰… Ⅱ. ①姚… Ⅲ. ①泰山－简介 Ⅳ. ①K928.3

中国版本图书馆CIP数据核字(2009)第223110号

泰山

TAISHAN

主编/ 金开诚　编著/姚雪

项目负责/崔博华　责任编辑/曹恒　崔博华

责任校对/梁丹丹　装帧设计/曹恒

出版发行/吉林出版集团有限责任公司　吉林文史出版社

地址/长春市福祉大路5788号　邮编/130000

印刷/天津市天玺印务有限公司

版次/2009年12月第1版　印次/2023年4月第6次印刷

开本/660mm×915mm　1/16

印张/8　字数/30千

书号/ISBN 978-7-5463-1291-0

定价/34.80元

前 言

　　文化是一种社会现象，是人类物质文明和精神文明有机融合的产物；同时又是一种历史现象，是社会的历史沉积。当今世界，随着经济全球化进程的加快，人们也越来越重视本民族的文化。我们只有加强对本民族文化的继承和创新，才能更好地弘扬民族精神，增强民族凝聚力。历史经验告诉我们，任何一个民族要想屹立于世界民族之林，必须具有自尊、自信、自强的民族意识。文化是维系一个民族生存和发展的强大动力。一个民族的存在依赖文化，文化的解体就是一个民族的消亡。

　　随着我国综合国力的日益强大，广大民众对重塑民族自尊心和自豪感的愿望日益迫切。作为民族大家庭中的一员，将源远流长、博大精深的中国文化继承并传播给广大群众，特别是青年一代，是我们出版人义不容辞的责任。

　　本套丛书是由吉林文史出版社和吉林出版集团有限责任公司组织国内知名专家学者编写的一套旨在传播中华五千年优秀传统文化，提高全民文化修养的大型知识读本。该书在深入挖掘和整理中华优秀传统文化成果的同时，结合社会发展，注入了时代精神。书中优美生动的文字、简明通俗的语言、图文并茂的形式，把中国文化中的物态文化、制度文化、行为文化、精神文化等知识要点全面展示给读者。点点滴滴的文化知识仿佛颗颗繁星，组成了灿烂辉煌的中国文化的天穹。

　　希望本书能为弘扬中华五千年优秀传统文化、增强各民族团结、构建社会主义和谐社会尽一份绵薄之力，也坚信我们的中华民族一定能够早日实现伟大复兴！

目录

一、泰山的形成

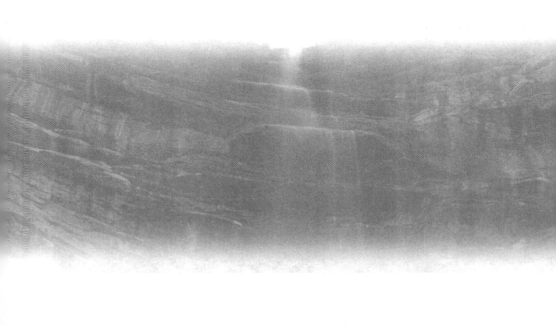

泰山以其巍峨的外表与浓厚的人文气息吸引着天下来客

登过泰山的人都知道，从远处看泰山，给人以一种雄壮瑰丽的感觉，泰山就像是一位力大无穷而又充满智慧和正义的英雄。而在专业研究人员的眼里，泰山为块状山体，且现在每年以 0.5 毫米的速度继续增高。放眼看去，泰山山谷幽深、松柏满山，著名的风景名胜不计其数。代表景观有天柱峰、日观峰、百丈崖、仙人桥、五大夫松、望人松、龙潭飞瀑、云桥飞瀑、三潭飞瀑等。全山分麓、幽、妙、奥、旷五区。麓区山水相映，古刹幽深；幽区绿荫环绕，一步一景，令人目不暇接；妙区虽地势平坦，然而却别有洞天，景色格外宜人；奥区林木苍郁，花草茂盛；

泰山日出

旷区坦途绿荫，溪深谷幽。

与华山险峻的山峰相比，泰山更增添了几分柔和与秀美

（一）民间关于泰山形成的传说

在我国民间，有许多关于五岳如何形成的神话传说。其中最著名的神话就是《述异记》一书中记载的盘古开天之说，此书写道：盘古开天辟地死后，身体各个部位都变成了对人们有用之物，他的两只眼睛变成了太阳和月亮，两只脚变成了江河和海洋，头发变成了花草和树木，左手变成了东岳泰山，左臂变成了南岳衡山，腹部变成了中岳嵩山，右手变成了西岳华山，右臂变成了北岳恒山。盘古在传说中是开天辟地之神，是中华民族的祖先，他的身

面对泰山磅礴的山体，我们不禁赞叹大自然的鬼斧神工

体变为五岳，可见五岳在中华文明中的地位。

（二）泰山地形的形成是地壳运动的结果

关于泰山的形成，从时间方面来说，二十八亿年前，原先居于海底的古泰山由于地壳运动峙立于在海平面之上，此时的泰山正处于形成时期，较为陡峭，不像今天这样

泰山

可以随意攀登游玩。随后经过近二十亿年
时间的风化、剥蚀，山体逐渐趋于平缓。
到距今六亿年前，华北广大地区的地势大
幅度平稳下降，古泰山又一次沉没于大海
之中。此后大约又经历了一亿多年，包括
古泰山在内的整个华北地区再次抬升为广
阔无垠的陆地，但这时的古泰山还只是一

很难想象，巍峨挺立的泰山曾经是一片汪洋

个低矮的荒丘，没有今日的雄壮瑰丽。直到距今两三亿年前，华北地区再次发生剧烈的地壳运动，除泰山之外的大片地区开始下降，并且发生了多次海侵，由于古泰山一直没有变动，随后就像大海中的孤岛一样，挺立了几亿年，在经历了多次剧烈的地壳抬升和沉降之后，终于在三千万年前形成了今天的泰山。

（三）泰山的人文景观是人民群众智慧的结晶

泰山风景以泰山主峰为中心，呈放射状分布，由自然景观与人文景观融合而成。毋庸置疑，自然景观是大自然鬼斧神工的结果，是大自然赐予我们的礼物。但人文景观却是千百年来中华儿女智慧的结晶。优美的自然景观与深厚的人文景观相互融合、互为补充、形成了泰山独有的景色。自然的鬼斧神工令人类惊叹不已，而灿若繁星的人文景观同样也令我们后人目不暇接！泰山的人文景观包括宫室、牌坊、道路、桥梁、亭台、石刻等等。人文景观的建构主要是为了烘托和渲染泰山本身所具

到了泰山，既可以领略大自然的神奇，又可饱览历史文化

佛教古塔屹立在泰山脚下

有的旖旎自然景色。众所周知，美在于整体。整体的和谐是形成美的关键因素。泰山的美就在于它的整体宏大和谐。而人文景观与自然景观的结合，正好把泰山的整体之美淋漓尽致地显现在世人的面前。

自泰山形成以来，人类在泰山的活动就没有停息过。在文化历史方面，泰山最引人入胜的地方就是它曾是中国历史上唯一受帝

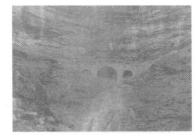

巧夺天工的石桥，宛若长虹横跨飞瀑

王封禅的大山。同时，泰山也是佛、道、儒三教兴盛的地方。泰山给我们留下了众多人文景观。此外，历代文人墨客对泰山的赞美和推崇，也为泰山留下了大量的绝世词句和题词刻石。据不完全统计，历代赞颂泰山的诗词、歌赋多达千余首。而这些正是构成泰山人文景观的重要因素。

如果游览泰山会发现，从泰山西南方

泰山雄奇的自然之美与悠久的人类历史早已交融于一体

祭地的社首山开始，经过蒿里山到告天的玉皇顶，不计其数的名胜古迹、摩崖碑碣遍布山中。攀登泰山，使我们不仅大饱眼福，而且心灵也受到了洗礼。泰山顶峰的岱庙内，相传有汉武帝栽种下的柏树，那柏树现在翠影婆娑，俨然已成了栋梁之才，正呼应了"前人栽树，后人乘凉"之说。红门宫前，孔子"登泰山而小天下"的感慨还在继续向天下人宣示泰山的雄伟高大，让人对泰山的敬畏油然而生。回马山上，唐玄宗勒马而回的怯懦已然刻于岩石之上，历史仿佛凝固在这一瞬间，就如亲眼所见一般，感慨历史风云之变。云步桥畔，秦始皇敕封的五大夫松，虽

然瘦弱，但也气势强劲，向游人展示着不屈不挠的精神。十八盘道，李白、杜甫等历代文人即兴而作的诗赋，豪风犹在，让人羡煞他们的才情和随性的自由生活。碧霞祠里，隆重的封禅仪式已经开始重新上演，我们仿佛看到了那个规矩有序的封建时代，人们对于碧霞元君的信仰是如此的虔诚。此外还有岱庙、普照寺、王母池、经石峪、碧霞祠、日观峰、南天门、玉皇

岱庙有着深厚的文化底蕴

顶等主要名胜古迹。这些古迹都包含了人们的智慧，都属于人为创造的景观。据不完全统计，泰山全山有古建筑群二十多处，历史文化遗迹两千多处，历代文人雅士吟咏题刻和碑记更是多得无法计数。其中，著名的古遗址有四十二处，古墓葬十三处，古建筑五十八处，碑碣一千二百三十九块，摩崖刻石一千二百七十七处，石窟造像十四处，近现代文物十二处，文物藏品万余件。从这些文化遗迹足以看出先祖们在泰山的活动足迹，可以说，今日泰山的声望是与从古至今的人类活动是分不开的。

（四）泰山最具代表性的人文景观

1. 岱庙坊

岱庙坊位于岱庙正阳门前，据史书记载，岱庙坊为清康熙十一年山东巡抚、兵部右侍郎赵祥星与提督布政使施天裔建造。岱庙坊是一座石头建筑，庙内布局为重梁四柱，全庙坊通体刻满浮雕。而且它的造型非常雄伟，雕工也异常精细，可谓清代乃至现在石雕建筑中的珍品。坊柱上刻有对联："峻极于天，赞化体元生万物；帝出乎震，赫声濯灵镇东方"，从诗句中我们可以感受到此联意境开

"登泰山而小天下"是孔子对泰山的赞誉

泰山的形成

阔，才气豪放。另外，岱庙坊前后的抱鼓石上各有两对圆雕蹲狮，这两对狮子姿态各异，生动活泼，每每令游人驻足，流连忘返。

2. 汉柏

在岱庙的汉柏院内，有五株汉柏，这五株松柏树不像其他普通的柏树那样直立生长，它们树形奇特，扭结盘曲长在一起，比起其他的松柏更是郁郁葱葱。让游览至此的人们都为它们的顽强、旺盛的生命力和这种扭结之美而发出感慨。原来这五棵柏树是有来历的。据汉《郡国志》记载，这五株柏树是汉武帝登封泰山时栽下的，可能是沾了帝王之气的缘故，所以长得格外葱郁，远观就像是织女手织的屏风。后来，清朝皇帝乾隆南巡游览泰山时，曾绘制过一幅《汉柏图》，

古代帝王认为五岳为群神所居

并写了《题汉柏作》一诗刻在石头上，这也增添了五株松树的人文价值。

3. 泰山刻石

还有一大人文景观堪称泰山游赏之最，那就是泰山刻石。凡是登临泰山之人，在上十八盘之前，都要先岔小路去观赏一下这些石刻。这个刻石不是"泰山石敢当"这样的刻石，而是秦朝的泰山刻石。秦泰山刻石位于岱庙东御座内，是所有泰山石刻中年代最早的作品。刻石铭文为秦始皇功德铭和秦二世诏书，由丞相李斯篆书。这些刻石原来是在岱顶玉女池旁边，后来被移送至此。据史书记载，秦泰山刻石原文有二百二十二个字，但历经千百年沧桑，

庄严的大雄宝殿掩映在绿荫丛中

泰山南天门

由于自然和人为的破坏，现在仅存十个字，而其中只有"臣去疾臣请矣臣"七个字完整，其余三个字，依稀可辨为"斯昧死"。秦泰山刻石带给人们的研究与玩赏价值是不可估量的，尤其对历史学家考证历史更是如此。目前秦刻石已经被列为国家一级文物，堪称稀世珍宝。

二、泰山的风光

大自然怀抱的寺院更显庄严神圣

众所周知，泰山的自然风光是泰山最吸引人之处。泰山主峰玉皇顶海拔 1532.7 米，突起于华北平原，凌驾于齐鲁丘陵，相对高度差达 1300 多米，视觉效果格外开阔，在这种视觉效果下，形成了泰山"一览众山小"的高旷气势。泰山延绵范围大约为二百余公里，盘卧方圆四百二十六平方公里，形体集中，有厚重安稳之感。泰山岩性坚硬，图案奇特诡异。古松与巨石相互衬托，云烟和朝日彼此辉映、突兀峻拔、耀眼磅礴。泰山具有极其美丽壮观的自然风景，其主要特点为雄、奇、险、秀、幽、奥等。泰山巍峨、雄奇、沉浑，峻秀的自然景观常令世人慨叹。

泰山山峰峻拔、雄伟多姿，是天然的山岳公园，而且泰山山谷幽深，松柏漫山，"横看成岭侧成峰，远近高低各不同"，我想这句诗不仅适用于庐山，同样也适用于泰山。身处泰山，无论从哪一个角度看，总能发现它与众不同的美。

（一）泰山的"雄壮"之美

许多人都认为泰山有"雄壮"之美，造成这种视觉印象的原因是，泰山与周围平原、丘陵形成了强烈的高低对比。大自然仿佛是一位杰出的雕塑家，他精心地把

孔子当年登泰山曾途经此处

泰山的风光

三官庙

泰山这座巨型雕塑安放在一个最协调的自然环境中。这样一来，由于泰山四周是齐鲁平原，使得泰山有一种"拔地通天"的气势，使人产生"会当凌绝顶，一览众山小"的感受。泰山的自然风景还有一个特点是形体厚重。泰山的山势之美，集中表现在形体上，所谓"泰山如坐"就突出了泰山的这个特征。"如坐"二字恰如其分地描绘出了泰山的安稳。而泰山形体的集中、山势陡峭、使得泰山有"其体磅礴，其势穹窿"的气势。所谓"重如泰山""徽如泰山"也是对上述自然特征的反映。

（二）泰山的"四大奇观"

泰山有如此众多的自然美景，让人数不

胜数。而游泰山一定要去看四个奇观：泰山日出、云海玉盘、晚霞夕照、黄河金带，这四大景观被形容为"风景这边独好"。

"泰山日出"是泰山最壮观的奇景之一。几乎每个来泰山旅游的游客，如果天气允许，都会在山顶看日出，这已成为众

游客登上岱顶只为亲眼目睹泰山日出的风光

多游客心中向往的事情。如果恰逢天气晴朗，每当黎明时分，站在泰山岱顶举目远眺东方，就会看见一线晨曦由灰暗色变成淡黄色，又由淡黄色变成橘红色，此时天空的云朵红紫交辉，瞬息万变，漫天的彩霞与地平线上的茫茫云海融为了一体，犹如一幅巨大的油画从天而降。大自然在此

**云海玉盘的奇特景观难以用言语
和笔墨描述**

刻仿佛是一位绝世画家。随后在浮光跃金的海平面上，一轮红日慢慢地掀开了云幕，撩开了霞帐，像是一个害羞的姑娘披着五彩的霓裳，又像是一个飘荡的绚丽的宫灯，冉冉升起于天际，顷刻之间，金光四射，群峰都被染成了金色，就连身边的同伴也都成了"金人"，整个世界都是金灿灿的。一派壮观而神奇的海上日出就这样展现在世人眼前，这

登上极顶，俯视云海

种惊叹与喜悦之情恐怕是用语言无法描述的，只有亲身经历过的人才会有如此感受。

游泰山必看的第二个景观是"云海玉盘"。从字面看起来好像与云雾有关，事实上也确实如此。泰山所处的气候使得泰山多云雾，云雾的威力在泰山可谓呼风唤雨，变幻无穷。有时山风呼啸、云雾弥漫，让人如同落入盘古开天辟地之初的混沌世界，辨不出东西南北；有时顷刻之间便黑云压城、气势逼人，让人连躲都来不及，大有"山雨欲来风满楼"之势，惊心动魄。如果您游玩泰山时遇到这种天气，千万不要灰心丧气，以为走了霉运，而错过游玩

坐上缆车，从空中俯
视泰山

的最好时机。恰恰相反，你将要见到云海玉
盘的奇景。这也是千载难逢的好机会。观看
云海玉盘时，有时会白云滚滚，让人像亲临
传说中的仙境一般；有时会乌云翻腾，让人
有在海中将要翻船之恐惧；有时白云一片，
就像走进了遍地的棉絮之中；有时云朵填满
了山谷沟壑，像是连绵无垠的汪洋大海，而
那座座峰峦恰似海中仙岛。此时站在岱顶上，
向下望去，山间片片白云与天空滚滚的乌云
融为了一体，汇成滔滔奔流的"大海"，其
壮阔美令人心潮起伏，难以平静。

　　到泰山必看的第三个自然景观要数"晚
霞夕照"了，这又是大自然的得意之作，又
是它赐予我们的神奇礼物之一。每当夕阳西
下的时候，若漫步在泰山山顶，又适逢阴雨
刚过，此时则天高气爽，仰望西天，朵朵残
云如峰似峦，在夕阳的照射下，一道道金光
穿云破雾，洒向人间。同时，在夕阳映照下，
云峰之上像镶嵌着一层金灿烂的亮边，间歇
闪烁着如奇珍异宝般发出的那种耀眼的光
辉。这时再看那五颜六色的云朵，就像是巧
夺天工一般，不断地变换着，让人有奇异莫
测之感慨。如果云海在此时出现，满天的霞
光就会全部映照在泰山这个"大海"上，此

时这个壮丽的景色，这幅大自然生动的情趣画面，就更加令人陶醉了。这景色与早晨的日出不一样，二者正好是互补之美。

最后一个不可不看的泰山风景便是"黄河金带"。同样是在夕阳西下时，举目远眺，在泰山的西北边，透过层层峰峦，就可以看到黄河如一条金色的飘带在闪闪发光。这是河水反射到天空所造成的美景，人们把它叫作"黄河金带"。黄河金带是这样一种美景，它波光粼粼，银光闪烁，黄白相间，如同金银铺设的一般，从西南流向东北，一直伸向天地交界处。这种美在古代就已被人们发现了，许多文人都对此景作出感慨之言。清代

高接云天的泰山在古人眼中，神力也是通天的

晚霞夕照

诗人袁枚曾在《登泰山诗》中对"黄河金带"进行了生动传神的描写："一条黄水似衣带，穿破世间通银河"，由此可见，"黄河金带"这个美丽的风景在古代就受到人们的喜爱了。

另外，需要一提的是，"晚霞夕照"与"黄河金带"的神奇景色，与季节和气候有着很大的关系。为了能使登泰山者充分领略和享受这些奇观美景，就必须选择恰当的旅游时机。从季节上来考虑，秋季最好，因为这时风和日丽、天高云淡。从具体时间考虑，最好是在大雨之后，这时天空留下的残云萦绕在泰山周围，就显得天晴气朗，空气清新干净，山水也格外清秀。此时你尽可放目四野，饱览"江山如此多娇"的秀容美貌。不过需要注意的是，雨后登山要注意安全，以免山高路滑，受到伤害。

（三）不同季节中的泰山

前面是从自然风景方面对泰山的风景进行了一些简单描述。下面从时间及季节方面来描述一下泰山美景，主要是描述春夏秋冬这四个季节中泰山的自然风景。

春天的泰山别有一番韵味。每年新春过

泰山精神与中华民族的人生观密切联系

后，泰山就开始了苏醒、重生。春天的泰山山上山下一片青翠，到处显示着生命的迹象。其中，大片的绿色中夹杂着红白黄等颜色，把泰山装扮得格外美丽。俗话说"一年之计在于春"，所以泰山这种富有生命力的美景，吸引着无数的中外游人前来踏青赏春。在泰山，你可以看到红的桃花、白的杏花、金黄的迎春等数不尽的花儿，它们竞相绽放，香气袭人，整座泰山像是

俯瞰泰山苍松翠柏，层峦叠嶂，山路陡险

花的海洋。

夏季泰山隐藏在层层林海和茫茫的云雾之中，如果天气放晴，泰山满山青翠欲滴，处处流溢着蓬勃的生命力。每当微风吹起，总能听见阵阵松涛声，如同听见天籁之声。对于此景，清代乾隆帝曾有"岱宗最佳处，对松真绝奇"的咏叹。

秋天是泰游览山最佳时节。此时温度适宜，不冷不热。最重要的是，此时是泰山自然景色色彩最丰富的季节。若此时站在泰山山顶，远远望去，层林尽染，每一种树木带都被大自然染成了一种独特的颜色。黄栌、五角枫、花楸被染成了红色，叶红似火；银杏、紫椴被涂成了金黄的颜色，叶黄如金；松柏还是老样子，坚持着自己的格调，依然青翠如昔；栎树、水榆、槭树的颜色不像前几种树木那样颜色鲜艳，但正是由于这样，才在众多颜色中给泰山增添了美的层次。卫矛在青绿的松柏的衬托下，就像是万绿丛中一点红。而与

泰山虽历尽沧桑、饱经风雨，却仍雄姿如初

泰山的风光

顽强生长在岩石陡坡上的植被仿佛也被注入了泰山精神

卫矛相媲美的爬山虎，也变成了红色或是紫色，显得格外的刺眼。看了这些美景，让人觉得大自然就像一个使用大手笔浓彩作画的画家，把泰山描绘得分外美丽。

冬天的泰山万物凋谢，但此时游玩泰山却别有一番韵味。这时泰山上的松柏顶风冒雪依然傲立在山巅，青绿如昔，向世人展示着不屈不挠的顽强精神。而挺拔的竹林也给泰山抹上了一团团翠绿，虽然不像松树那样苍翠，但是也足以说明它具有不畏严冬的精神。如果遇上雪后初霁，那景致更是妙不可言，整座大山银装素裹，天地间一片雪白，一尘不染，冬天的泰山能够开阔人的眼界，

泰山冬景

岱庙正阳门

泰山的风光

红门宫前三重石坊，
形如阶梯

也开阔人的心境。另外，冬天的泰山也是色彩斑斓的，虽然与春天的五彩绚烂不同，但是各有千秋。这时的泰山有绿色的树木，红色的寺庙墙壁和黄色的瓦片以及天地间的皑皑白雪，还有那份难得的清新和宁静，置身于其中，使人心旷神怡。

总体来说，无论是在哪一个季节观赏泰山都是别具风味的，都会让你觉得不虚此行。

（四）泰山风景的独到之处

泰山有许多不同于其他名山的自然风光，而泰山的盛名，或者说泰山的独特之处，比如泰山石，也是游览泰山不能不看的一大景观。

这里说的泰山石不是"泰山石敢当"，也不是秦刻石，而指的是泰山的石头。泰山奇石多出自泰山谷底。造成这种现象的原因是泰山峰高谷深，水流落差大，冲刷力猛。每到雨季，一些碎石随雨水滚滚而下，就这样，千万年来便冲刷出无数卵石，造成了泰山石精美的形状和纹理图案。泰山石颜色铁青，纹理呈雪白色，造型也千姿百态，令人爱不释手，而且石头图案千变万化，有非常高的玩赏收藏价值和研究价值。考古收藏家及学者想要研究的形、

据统计，泰山石刻有两千两百多处

泰山的风光

泰山石刻苍劲飘逸、端庄严肃

纹、色质、音等，这些奇石全都具备。泰山石的最奇特之处在于它的纹理图案与石体本身在色泽上反差很大，因此特别醒目，观赏性极强。

那么泰山石这种独特的石头是如何形成的呢？据考古学家和地质学家研究，泰山石的石质为泰山岩群变质岩。泰山岩石品种有斜长片麻岩、黑云母角闪斜长片麻岩、片麻状花岗岩、花岗片麻岩及细粒角闪石岩等。由于亿万年来的地壳运动和大自然的风化腐蚀作用，造成了今日泰山石的丰富种类。泰山石质地坚硬，表面粗糙，是一种极佳的建筑材料。研究表明，这种岩石形成于二十五亿年前，但奇石图案的形成是在变质作用的

泰山山水兼容，足见其胸怀
之博大

岩石因字的出现而充满灵性

后期，是由晚期结晶的浅色矿物斜长石、部分钾长石和石英等填充于不规则的原生裂隙中结晶而成。还有的是在岩石基本形成和固结后，由于地下热流局部通过，引起深部岩石部分重新熔化，使那些先被熔化的斜长石石英等浅色矿物所形成的岩汁上升，随之填充到那些稍浅且因为温度降低、岩石收缩而产生的裂隙中，这样就形成了各种网状、枝叶状、条带状、团块状等大的山脉岩石块，其中一部分脉体岩石表面已经显露出象形图案或文字。随后经过亿万年的地壳运动，这些岩石又裸露于地表，受到风吹、雨淋、日

举目望去，不禁叫人感叹大自然造物的力量

泰山石刻有的为帝王亲制，有的出自重臣

泰山的风光

泰山石刻碑文洋洋大观、
纵贯千古

晒及寒暑交替变化等自然力作用，表层岩石逐渐破裂，形成大小不等的孤立石块。而那些原地未动的大型块体，在进一步经受风化、剥蚀等外力作用下，形成了大型奇石景观。另一部分块体则在重力作用下，自然崩落，随着雨水进入沟谷河道，接着经流水冲刷和砂石磨砺成小型奇石块体。这就形成了现在人们所看到的千奇百怪、形态各异的泰山奇石。当然，泰山的自然美妙之处远不止这些，像这样的奇妙之处泰山还有许多，这些都需要您亲自去发现。

三、泰山的历史

泰山一直是中国艺术家和学者的精神源泉

（一）泰山名称的演变

泰山之名，首见于《诗·鲁颂·宫》："泰山岩岩，鲁邦所詹"。泰山，古称东岳，又名大山、岱山、岱岳、岱宗、泰岳，并且这些名字多次在诸子书籍中出现。如孟子云："孔子登东山而小鲁，登太山而小天下，故观于海者难为水，游于圣人之门者难为言"，这里用的就是"太山"二字。墨子云："夫挈太山而越河济，可谓毕劫有力矣，自古及今未有能行之者也"，这里用的也是"太山"二字，韩非子云："故古之能致功名者，众人助之以力，近者结之以成，远者誉之以名，尊者载之以势。如此，故太山之功长立于国家，而日月之名久著于天地。"等等。以上三则例子都说明"太山"指的就是"泰山"。学者王力认为"大""泰""太"为同源字，并从词源学的角度对泰山名称进行了分析。他翻阅了多本史书，最终得出结论：泰山本来应该写作"大山"或者"太山"，是大山的通称，后来用于特指东岳泰山。易泰卦文引马注："泰，大也。"段玉裁曾说："后世凡言大，而以为形容未尽，则作太。如大宰俗作太宰，大子俗作太子，周大王俗作太王是也。"看到这里就彻底明白了，在古代，大、

泰山每一处建筑都有它独特的历史由来

太和泰三个字表示同样的意思。"大"在甲骨文与金文中均见其形，读音为"太"。古人"太"字多不加点，如大极、大初、大室、大庙、大学之类，而后人加点来区别大小之中的大小，于是大和太分为二字。按古文字的传统读法，"大"有"大""太"和"代"三种读音。故从"太""泰""大"在古文献中的意义推断得知，在古人心目中，泰山（或太山、大山）是天下第一大山，称之为"太山"。由此可知，在泰山（或太山、大山）名称初创之时，它已被人们视为观念与视野中的第一山、首山。而称泰山为岱、岱山、岱宗集中于两汉时期，是这一时期的人们对泰山的新的解读与阐释，而阐释与解读这种观念的基础是阴阳五行思想。在这种思想与观念下，"岱"具有了万物相代与阴阳交代的文化意义。

古代著名教育家孟子曾说："孔子登泰山而小天下"，这句话成为赞美泰山最美好的句子。汉武帝登封泰山后称颂它："高矣、极矣、大矣、特矣、壮矣、赫矣、

研究泰山历史，不能不研读泰山碑文

骇矣。惑矣。"在传说中，泰山是一座上帝和众神居住的神山。大约七八千年前，我们的祖先就在这里繁衍生息，大约在四千七百年前，炎黄二帝就活动在这一带，它创造了灿烂的华夏文明。古籍云："昆仑之虚，黄帝之所休""昆仑之丘，黄帝之宫"。这座古昆仑山就是上古的"中岳"、当今的东岳泰山。可见，泰山的历史是源远流长的。

（二）泰山文化功能的演变

泰山的历史文化演变，可以从它在人们心目中的演变分为几种不同类型。

大体说来，早在先秦之前，泰山在人们眼中就是一座自然山，一座高大的山脉，后

俯瞰泰山南天门

来由于出现了图腾崇拜，泰山也就成为朝拜的对象。先秦至秦汉晚期由于深受东方民族的崇拜，泰山逐渐同国家政权发生了联系，发展成为帝王告祭上天的场所，成为封建统治者用来以宣示君权神授的政治舞台，泰山也因此成为历代王朝政治兴亡的晴雨表，统治者利用历史形成的自然崇拜直接为其政治统治服务。君权与神权并重，宣扬神权，这一历史时期，可以说是泰山作为"政治山"的形成时期。魏晋到南北朝期间，各大宗教相继在我国广泛传播，在社会上产生了深远的影响，同时各民族也进行了大融合，少数民族也逐渐接

泰山挑夫向我们讲述着别样的泰山文化

泰山的历史

受了泰山崇拜。这一历史时期,可称之为"宗教山"形成时期。隋唐宋金时期,中国文学艺术发展达到了一个顶峰,文人雅士竞相游山玩水,畅舒豪情,留下了大量脍炙人口的诗词文章。虽然此时也有帝王在泰山进行封禅祭祀,但是泰山的文化主体已经换成了文人墨客。这一历史时期,可称为"文化山"的形成时期。泰山民间信仰起源很早,但在全国引起影响则开始于宋元明清这几个朝代,随着碧霞元君信仰的传播,涌现出一个到泰山进香的高潮,此时泰山的主体游客已经从文人墨客转变成了普通的老百姓,老百姓争先恐后到泰山祈福,于是泰山成了大众

历代文人墨客纷至沓来,留下宝贵的文化精品

百姓的山。这一历史时期，可称之为"民俗山"的形成时期。

历代帝王借助泰山的"独尊"地位来巩固自己的统治

1. 政治山

具体说来，泰山独特地位的形成始于先秦至秦汉时期，在此之前，即在人类初始时期，原始各民族就有崇拜图腾的习俗，华夏民族当然也不例外。而此时的泰山正因为位于广阔的华北大平原上，高大雄伟，万物繁茂，自然就成为人们的崇拜对象。由于泰山一带为当时重要部落的聚居地，而且据说黄帝、少昊等重要部落都发祥于此，泰山遂在各座大山中脱颖而出，成为中国古部落联盟的疆域与势力的标志物。

泰山红门

泰山的历史

泰山
054

泰山云海

南天门屹立在十八盘之首

东岳山川钟灵毓秀，中华文明
源远流长

史书记载，夏商两代君主都曾到泰山朝拜，使得泰山的声名有了大幅度的提升。而周人自称为泰山的子孙，周代立国后，曾有"河东曰兖州，其山镇曰岱山"之说。这一时期泰山作为兖州之望的政治地位已经得到了确立。随后，周代对山岳祭祀进行了等级化和制度化的规定，进一步提高了泰山的尊崇程度。但是这一时期内只有天子有权祭祀天下名山大川，而诸侯只能祭祀其受封疆域内的名山大川。因此在泰山祭祀上，只有周天子与鲁国的掌控者，也就是诸侯享有此祭祀权。也正是由于这个原因，泰山在鲁国便赢得"独尊"的地位。从《诗经·鲁颂》所咏"泰山岩岩，鲁邦所詹"之辞中，就可以

十八盘是登泰山最艰险之处

看出鲁人视泰山为尊崇的态度。

战国以后，齐国产生了五行学说，这又使对泰山的信仰推上了一个新的高度。这一学说认为：东岳泰山代表着东方、春季和青色，是生命力旺盛的象征，于是泰山便有了一岁之首、万物之始的含义，随后自然而然地引申为人的一生之始，家族子嗣的一代之始，更是一个王朝的更替之

泰山石刻数量多，种类全，源远流长

放眼望去，奇妙的字体顺石势而飞舞

始。

　　秦灭六国大一统之后，秦始皇不远千里，不嫌舟车劳顿，亲自率众臣来到泰山祭祀，并对它进行册封，将泰山一举推上了国内第一山的位置。为什么秦始皇偏偏要在泰山举行封禅大典呢？有学者认为秦始皇一族起源

于泰山，这个观点现在已得到越来越多学者的认同，所以秦始皇才会选择在泰山进行朝拜祭祀。由此可见，秦代选择泰山作为封禅之所，是有其深远的历史渊源的。到了汉代以后，这种封禅制度已完全沿袭下来，并且泰山的地位也得到进一步的提高，变成了全国人民心中的国山，开始成为中国影响最大的山岳。后世"五岳之宗""五岳独尊"及"天下名山第一"之说，都是来源于此。

2. 宗教山

魏晋南北朝时期是中国历史上比较混乱的一个时期，此时战争不断，民不聊生，

泰山石刻

古代帝王选择每年到泰山朝拜祭祀

泰山

泰山寺庙内的彩塑

但也正是因为这种混乱促进了民族、文化和宗教的融合。在此之前，泰山就已具有了巨大影响，即使在这种混乱时期也保持着第一位的位置。由于战争等原因使得少数民族大量涌入中原，并建立了政权，他们崇尚汉文化，认真学习汉文化，从而也学习了汉文化的代表泰山文化，使得泰山

泰山"高山流水"石刻

文化跨越了民族的鸿沟，被越来越多的人接受。大量的史书材料表明，羯、氐、鲜卑等北方少数民族在进入中原后，逐渐接受了汉民族的泰山信仰。进入南北朝后，鲜卑族建立了北魏政权，入主中原后，逐步融合于汉文化中，由此可知，五岳信仰也较早被其他民族所接纳。

同一时期，泰山在民间的影响也明显扩大。这种结果是由两个原因造成的。此时佛教和道教也传入泰山，这两种宗教影响着人们的信仰，在与当地的信仰融合之后，遂产生了泰山神等原型信仰。在南北朝以后，泰山神已确立像设。从此泰山神的"神性"日

冯玉祥将军曾两度在泰山隐居

南北朝时，佛教传入泰山

灯笼饰物，给泰山增添了温婉、吉祥的气息

来到摩崖石刻面前，仿佛品格也得到了升华

趋清晰且不断人格化、帝王化、成熟化，最后演变成今天的泰山神。

因此可以说这一时期是泰山成为"宗教山"的主要时期。泰山宗教信仰即是在此时形成的。

3. 文化山

唐宋时期是泰山首山地位明确确立的时期。这一时期帝王将其视为祭祀的最高场所，而国内各族人民也已欣然接受了泰山神，此时泰山信仰也已由国内传至国外，直到今日，"泰山府君"依然是日本信仰度最高的中国神。这些都足以说明，泰山信仰的传播是何等的广泛，泰山、泰山文化、泰山信仰和泰山历史深得民心。

　　自隋朝统一南北后，泰山作为中华大一统昌盛的象征，又引起了世人的关注。隋文帝曾于开皇十五年临幸泰山，并在山下设坛致祭。隋代时虽未进行封禅大礼，但却在泰山下进行祭祀，在某种程度上也延续了秦汉崇岳的传统，同时又为唐代封禅泰山开启了先声。隋朝时还制定了一些祭祀泰山的规矩，这些为后来的朝代祭祀泰山做了榜样。

　　唐朝开国后，武德、贞观之际发布崇岳祭祀规定。其中部分内容是这样写的："五岳、四镇、四海、四渎，年别一祭，

泰山极顶

泰山一景

各以五郊迎气日祭之。东岳岱山，祭于兖州……其牲皆用太牢。"这足以看出五岳在帝王心目中的位置。唐高宗与皇后武则天曾于乾封元年封禅泰山，对泰山进行祭祀。这是继汉光武帝之后六百年中的首次举行封禅之典，使泰山再次成为举国瞩目的焦点。开元十三年，唐玄宗对泰山进行封禅，封它为"泰山神为天齐王，礼秩加三公一等，近山

泰山经石峪高山流水

十里，禁其樵采"。这体现了唐玄宗对泰山的爱护和尊重。由于唐代帝王的多次封禅，使泰山的"神威"大大提升，而且朝廷对泰山加以封号，也显示了对泰山神人格化的一种认同，进一步促进了泰山信仰的传播。

泰山信仰在此时不仅遍传域内，而且还远及海外。唐代中日关系密切，日本遣唐使多次来泰山参加封禅大典。据史书记载，唐大中元年，日本高僧圆仁自唐返国时，带走了泰山府君造像，归国后就在日本建祠以祀，传播泰山神的威力和感召力，从此泰山信仰也传遍了日本。

泰山经常举办东岳庙会等民
俗风情文化活动

4. 民俗山

金元明清时期，由于女真族建立的金国
和蒙古族建立的元朝先后在中原地区进行统
治，改变了汉族文化的旧有格局，汉文化不
再局限于本民族，因而泰山信仰也面临着自
南北朝以来一场规模空前的挑战。金朝建国
之初，女真人对于汉民族的泰山信仰自是难
以认同。但随着女真族的日益汉化，泰山信
仰也逐渐被女真族人所接受。随后，泰山被
金朝正式列入祀典。总体来看，金朝帝王对
泰山的重视丝毫不比以前的汉族帝王少。据
史书记载，大定十八年，泰安东岳庙不幸遭

受火灾。火灾之后，金世宗亲自下诏对庙庭作大规模的修建，要求尽量进行复原，并亲自裁定修复后庙殿的名称，事后诏翰林学士杨伯仁撰写碑记。从这一系列的做法中可以看出金朝帝王对泰山的重视，这也从另外一方面说明泰山已被其他各民族所认可。元朝对泰山也是推崇至极，在元大都，出现了奉祀泰山的东岳仁圣帝宫，元英宗赐庙额为"东岳仁圣宫"。这是东岳庙首次在统一的帝国首都出现，这对泰山信仰产生了巨大的推动作用。之后，各地出现了兴修东岳庙的高潮。这时泰山信

玉皇顶是历代帝王登封泰山设坛祭天之处

仰不仅传遍内地，且远及边疆各族。

同一时期，还出现了一项重大变化，即泰山祭祀的重心由朝廷逐渐转入民间。在传统的泰山祭祀中，泰山由帝王专祀，绝不容许民间百姓参与祭祀。但随着宋代以来民间泰山崇拜的盛行，打破了由朝廷包办泰山祭典的局面，虽有大儒们的严厉斥责和朝廷官府多次严禁，但这一信仰还是成了时代的潮流，仅凭几张嘴和一纸公文已很难禁绝人们疯狂的崇敬之心。此后，泰山信仰风俗愈演愈盛，每逢明清之时，对碧霞元君和泰山神的崇拜已完全压倒了帝王们的专祀，渐渐成为泰山信仰中的主流。

玉皇顶观望亭

仰望玉皇顶

　　到了清代，由于满人与汉民族有着截然不同的信仰传统，所以满洲骑兵从山海关进入中原之后，就面临着如何面对汉文化这一难题，而作为汉族传统文化重要方面之一的泰山信仰更是让他们伤透了脑筋。最后，清朝的帝王都认同了泰山文化的信仰，都去祭祀东岳泰山。顺治帝亲政当年就宣布恢复自明亡以来而中断的遣使致祭制度。康熙统治期间，泰山文化已传播至全国各处，而且清朝的统治者在心理上也较多地接受了泰山文化。乾隆帝一生曾十次巡幸泰安，六次登临岱顶，创下了帝王登岱的最高记录。他还为泰山作诗文，总共多达一百余篇。他在代表作《重修岱庙记碑》中称："泰岱位长群岳，称宗最古，表望最尊。"又称："维岱大生，秉苍精化醇之气，用克推演鸿厘，绥祚我皇极。"在乾隆帝的影响下，泰山各庙庭在此时得到了扩建。

（三）伟大的泰山历史

新中国成立以后，人们对传统文化进

泰山山顶云海景观

诗圣杜甫写下了著名的《望岳》诗，成为千古传诵的名篇

行重新评估，国人一方面继续批判泰山文化的负面作用；另一方面也开始关注泰山所承载的优秀传统文化这一层面。如历史学家王献唐曾指出："中国原始民族起于东方，东方尤以泰岱一带为其故土，木本水源，血统所出，泰山巍然，同族敬仰。"另有一些学者则从精神文化的角度，对泰

寺庙坐落在泰山山腰，古柏
蔽日，宁静幽雅

山的精神特质进行评说。教育家许兴凯先生，曾对泰山作出如下评论："泰山！五岳之首的泰山！本来是我们中国的象征。国是个概念，需要一个具体的东西来代表他。这个东西不是河，就是山。比如德国的莱茵河，日

登上玉皇顶，泰山雄奇的
自然景观尽收眼底

本的富士山。我们中国也是这样。这河，
我以为就是黄河。这山，我以为就是泰山。
黄河流域是中华民族的发祥之地，也是世
界古文明的策源。中国的五岳本来是早年
中国国境的五至。因为五岳以泰山为首，

所以泰山可以代表我们中国。"这种观点代表了这一历史时期中国人对泰山文化的重新审视。多数人开始对泰山有了正确全面的认识。泰山虽在漫长的历史时期中被封建统治者利用、神化，但若剥去其神秘的外衣，却凝聚了民族精神与文化的丰富内涵。现在，人们已把泰山视为精神上和人格上的象征，泰山已成为现代中国人乃至全世界人的精神投射物。

四、泰山的文化

一天门远眺

何谓文化？《辞海》中是这样解释的：文化，广义上指人类社会历史实践过程中所创造的物质财富和精神财富的总和。狭义上指社会的意识形态，以及与之相适应的制度和组织结构。在日常词汇中，文化是指文学、艺术等，扩大一些则包括宗教、风俗、习惯及信仰、道德等。由此定义可知，泰山文化也就是指泰山的文学、宗教、风俗、习惯以及信仰等等。所以要想了解分析泰山文化必须从这几方面入手。

（一）经久不息的泰山文化

对于泰山文化，学者们多有论述，也曾在全国展开热烈探讨。泰山文化常作为专有名词而被广泛使用。众所周知，泰山的风景虽然让人心生感慨，但泰山文化更能让人铭记于心。从某种意义上来说，泰山正是因其深厚的文化底蕴才被人们所认可。清代经学家、方志学家阮元在《泰山志》序中提及泰山时，曾发出"山莫大于泰山，史亦莫古于泰山"这样的感慨，可见泰山的历史之古老。现代著名学者郭沫若先生曾说："泰山是中国文化史的一个局部缩影。"原北京大学校长季羡林先生则称"泰山是中国文化的主要象征之一。欲弘扬中华文化，必先弘扬泰山文化，这是顺理成章的事"。从这些话中足见泰山文化的厚

泰山寺庙掩映在白雪中，更显几分宁静肃穆

泰山南天门

重及其非同一般的地位。

那么泰山文化为什么会如此经久不衰呢？究其原因是它关系着人类普遍注目的切身利害问题。众所周知，人类自从对自身的寿命有感知之时起，就对人自身的"生"与"死"十分关切。"人生不满百，常怀千岁忧"，这是最真实的心理写照。的确，这是一个不能回避的问题。人究竟从何处来又最终向何处而去？几十年的光阴匆匆而过，我们应当如何度过？按照中国古代阴阳五行学说，为"甲乙东方木"，他们倡导东方主生。而泰山雄峙天东，自然就是主生。他们对泰山的敬畏是从心底发出的，因为泰山对生命有着赐予、收回的权力。这一点在古代帝王封禅祭

大雄宝殿

祀中都有所体现。秦始皇与鲁国儒生研讨
泰山封禅仪式时，儒生们都认为要爱护泰
山的草木，汉武帝上泰山封禅时，因为季
节过早，草木尚未发芽，因而只能延期进
行封禅。这些都是敬畏泰山主生的例子。

另外，自然之"生"和人生之"生"相应，
于是泰山神也被赋予了坤德，与生育有着
极其密切的关系。这也是普通群众朝山敬

香的重要原因之一，祈求生育，求子求福是老百姓毕生所追求的目标。时至今日，泰山上还常常见到以红绒绳系树枝，以石子相垒求子的风俗习惯，这些都是求长生求子的泰山文化表现。正是因为符合了人们切身的利益，所以泰山文化才会这样经久不息。

（二）多主体的泰山文化

泰山文化开始于原始的自然崇拜。每个民族在从幼稚走向成熟的过程中，都经历了图腾崇拜这一时期。远古时代，人们在自然面前是那样幼稚与胆怯，一道闪电，一条河流，一座大山都让他们觉得有神秘和畏惧之感，所以最初的崇拜也就开始了。从某种意

玉皇顶景观

迎客松见证了泰山历尽千年沧桑的历程

义上来讲，山既是人类文化心理上安定与稳固的象征，又是人类活动范围的地理标志；既是强大的部落酋长号召人群聚集的场所，又是人类因自然条件变化而难以征服的对象。远古的高山崇拜，大约因此而逐渐形成。泰山作为中华民族朝拜的圣山，从黄帝时就开始，而且贯穿了整个民族生存和发展的全过程，这是世界上其他任何一座大山所无法比拟的。原始崇拜这一形式后来演变为历代帝王的封禅祭祀，而泰山因地处东方、形体高大、气势雄壮，完全符合中国"万物皆相代于东方"的传统观念。也正因为如此，泰山成为人们心中

泰山塔林

云海景观石刻

的吉祥之山、神灵之宅、紫气之源、万物之所、神圣之山等等。

泰山周围人类活动十分久远，早在五千年前，就已有古人类在此进行原始崇拜。据考古资料显示，泰山在几十万年前就有猿人活动。新泰乌珠台少女牙齿化石的发现，证明在五万年前，泰山附近的人类社会就已进入旧石器时代。

在原始崇拜习俗的影响下，帝王的封禅

崖壁如削，陡峭的盘
路镶嵌其中

将泰山推到了"与天相齐"的高度。泰山
因其高而被视为连接天地、"直通帝座"的
最佳场所和通道。因此，受天命作为帝王
的"天子"必去泰山封禅，以示登上宝座
乃是天命，上天赐之，随后演变成帝王权
力的象征。据《史记》引用《管子·封禅
篇》说："古者封泰山、禅梁父者七十二
家。"可见，早在先秦时代就有帝王封禅
或祭祀泰山。但是这些都没有确切的证据，

悬崖边建筑，前方云海
茫茫

目前发现的最早列入史实记载封禅泰山的皇帝是秦始皇。秦始皇统一中国后，随后就对泰山进行了封禅。史载"而遂除车道，上自泰山阳至巅，立石颂始皇帝德，明其得封也。从阴道下，禅于梁父。其礼颇采太祝之祀雍上帝所用，而封藏皆秘之，世不得而记也"。在秦始皇去世之后，他的儿子秦二世也相继封禅泰山，并命李斯书诏勒于始皇所立石侧。

到了汉代，汉武帝刘彻相继八次封禅泰山。建武三十二年（56 年），汉光武帝刘秀东巡封禅。唐初，"贞观之治"的太平盛世后期，唐高宗李治，在皇后武则天的陪同下，于乾封元年（666 年）封禅泰山。唐玄宗李隆基于开元十三年（725 年）到泰山封禅，留下摩崖石刻《纪泰山铭》供后人欣赏。宋真宗于大中祥符元年到泰山的岱顶与社首

放眼望去，浩然之气萦绕于山峦之间

岱宗坊古朴而不失威仪，是泰山东路的门户

谢告天地，并从此改封禅为祀神，从而成为中国历史上最后一个到泰山封禅的皇帝。此后，皇帝到泰山便进行祀神，这种制度一直沿袭到了清朝，由于清朝建立者是满族人，因此不太了解汉文化，只是派遣一些重要大臣代他们前去祭祀，后来即使清朝皇帝临幸泰山，也只是游玩观赏。

对泰山文化的形成做出贡献的还有大批的文人墨客。这些文人墨客将泰山视为高层次精神文化的审美对象。对他们而言，泰山既不是封建统治者眼中"神道设教"的象征物，也不是普通老百姓心中镇妖避邪的神灵，而是一座蕴藏美质、激发灵感、触动爱国情思的灵山、美山、自然山。

　　早在春秋时代，孔子就有了"仁者乐山，智者乐水"的审美观，并曾游览泰山多次，其后又有了孟子"孔子登泰山而小天下"的名言。汉代的大批文人如班固、蔡邕、马融、应劭等都曾登临观赏过泰山。中国历史上第一位伟大的史学家司马迁发现了泰山形象中所蕴涵的人格价值，曾振聋发聩地提出："人固有一死，或重于泰山，或轻于鸿毛，用之所趋异也。"他所想到的最崇高、最有价值的人格象征物就是泰山，他提倡人们应该拥有泰山般的人格。三国时的曹植也曾游览过泰山，并留下"晨

青山翠柏之中的寺庙殿宇透着几分秀美

香亭

碧霞元君

游泰山，云雾窈窕"的感慨。晋代陆机有"泰山一何高，迢迢造天庭"的诗句，南朝著名山水诗人谢灵运，登泰山后写下了歌颂泰山的——《泰山吟》。唐宋以后，文人志士游览泰山之风更盛，泰山的自然美得到了深度发掘和颂扬。大诗人李白在游览泰山之后写下"天门一长啸，万里清风来"这样的豪迈诗句。同一时期的诗圣杜甫在《望岳》中写道："会当凌绝顶，一览众山小"，宋代的苏轼、黄庭坚等也都在泰山留下了诗文墨迹，以表喜爱之情。文人志士对泰山的这种推崇之风从未中断。

泰山被赋予坚毅的品质

（三）民间信仰对泰山文化的影响

凡是登临泰山的人，不论国内游客还是外国游客，没有不拜见泰山奶奶——碧霞元君的。据说，碧霞元君能为众生赐福，消病去灾，所以泰山的香火至今缭绕不绝，每年春天，有许多人从外地纷至沓来，进香许愿。虽然他们如此虔诚，但他们未必知道碧霞元君的来历。

传说姜子牙辅佐周武王建立了周氏王朝后，天下归于统一，武王认为大臣们开

泰山之雄伟，尽在十八盘

国有功，于是想赏赐他们一些东西。可绞尽
脑汁却找不出合适的赏赐物，经过反复思量，
武王决定把全国的领地都分封给大臣们。这
样一来，既能显示武王的慷慨大方，又能证
明他对大臣们的信任，再者，武王这样也就
轻松愉快，不用为那些领土的安全担心了，
主意已定，武王便把分封大权交给了军师姜

子牙，让他来分封诸侯。结果姜子牙封来封去把全国的名山大川、风水宝地都封尽了，唯独只剩下一座东岳泰山。原来姜子牙早就知道泰山气势雄伟、风景秀丽，是个供人游玩的好地方，所以想把泰山留给自己。可谁知事与愿违，周武王的护驾大将黄飞虎找上门来，非要姜子牙把泰山封给他不可。两人正在商量，可偏偏就在这时，黄飞虎的妹妹黄妃也来找姜子牙要求他将泰山封给自己，说是武王早已答应过她，让她来找姜子牙的。这下事情更难办了，三个人都看上了泰山这块风水宝地，而姜子牙又谁也不想得罪，更重要的是他

岱庙仿照古代帝王皇宫建造

冬日泰山

冬日泰山，银装素
裹，纯洁静谧

自己还想要，这可真愁坏了姜子牙，到底该如何是好呢？思来想去，姜子牙只好将泰山让给了黄氏兄妹，但到底是封给哥哥还是封给妹妹，姜子牙也下不了决定，只好对他们说："你们各自凭自己的本事，谁先登上泰山，这泰山就是谁的。"这话一出口，黄飞虎一听，不禁拍手叫绝，他想：凭我一身力气，登上山顶还不是手到擒来，泰山哪还有黄妃的份？但是让他想不到的是，身为弱女子的妹妹黄妃，也没有一点惧色，一口就答应了下来。见两人都答应了，姜子牙就让他

俩开始比赛，黄飞虎马上骑上他的宝骑麒麟，日夜兼程，从京都直奔泰山，想借坐骑的脚力赢得妹妹。但妹妹黄妃又岂是一般的人，她为比赛绞尽了脑汁，后来终于想出了一条妙计。比赛一开始，她先将自己的鞋子脱下一只，使了个法术，将脱下的鞋子扔到玉皇顶上，然后才不慌不忙地向泰山赶去。所以等到黄妃爬上泰山，兄长在南天门已等得不耐烦了。他见黄妃姗姗来迟，便对她说："是我先登上泰山的，以后泰山就是我的了。"可妹妹黄妃却不

天地广场的大型浮雕

泰山的文化

泰山文化应该定位于"华夏之源，中华神山"

甘示弱："真是岂有此理！是我先已到此，我以为你在路上出了什么事，所以赶着去接你，谁知道你已绕道赶来。"黄飞虎满脸疑问，问道："你说你先到的，有何凭证？"黄妃不慌不忙地说："当然有，你来看我的鞋还在这里呢。"于是，黄飞虎跟着妹妹来到玉皇顶，只见黄妃的一只绣花鞋端端正正地放在石坪上。尽管有证据，黄飞虎还是不服气，他了解妹妹的个性，知道妹妹使用了计策，不禁斥责妹妹道："你耍滑头。"尽管这样，黄飞虎也很无奈，因为毕竟是自己的亲妹妹，拿她也没有办法。而这时黄妃心里也是很紧

张，因为心里有愧，于是与兄长达成协议：
她住山上，兄长住山下，二人共同掌管泰
山。最后，姜子牙就把黄飞虎封为泰山神，
把黄妃封为碧霞元君，一个在山下天贶殿，
一个在山顶碧霞祠。这就是民间所传诵的
泰山神和碧霞元君的故事。

以上所讲仅仅是一个传说。关于碧霞
元君的真实来历，根据当地人介绍，她是
一位声名显赫的泰山女神，也是泰山人民
的庇护神。同其他信仰一样，碧霞元君的
声名也经历了漫长的演变过程。泰山女神
初始于原始社会中对女性的崇拜，自此一

望人松又名迎客松

碧霞元君祠

直延续。在唐代，道教首先提出女神崇拜，因此泰山碧霞元君与道教有着莫大的关系，而碧霞元君的碧霞祠也是全国道教的重点宫观之一。"元君"是道教神仙谱系中对女神的称谓，"碧霞"也与道教神仙的称谓习惯有关，道教中有很多冠以"紫""碧"之类名号的神仙。明朝正德、成化年间，泰山碧霞元君逐渐声名远播、名满天下。有趣的是，对于不同的社会阶层，碧霞元君信仰有着不同的具体内容。正统道教中的碧霞元君专司惩罚恶人，泰山民间的碧霞元君则是祈祷子嗣、保护妇女儿童等等，帝王士大夫阶层的碧霞元君信仰除和平民一样求祷子嗣健康多

泰山

齐整的泰山建筑——碧霞祠

福外，更重要的是祈祷碧霞元君护国庇民，其中又特别注重其教化功能。

如同碧霞元君一样，"泰山石敢当"起源于自然崇拜中的灵石崇拜，后通过人格化而备受百姓喜爱，也就是人们赋予了它一定的精神意义。"泰山石敢当"是指泰山石有灵性，可镇邪压妖魔鬼怪，抵挡一切灾难。当然，泰山是不能随便走动的，但人们赋予"泰山石敢当"可以走遍神州大地乃至海外的功效。从字面上看，泰山石敢当是由"泰山"和"石敢"当两个词组成。泰山指的就是这座山脉，而关于"石敢当"的文字记载，最早见于西汉史游的

泰山与名人结缘，肇始于
孔子

《急就章》："师猛虎，石敢当，所不侵，龙未央。"唐大历五年 (770 年)，福建莆田县令在县衙附近修建石敢当，在石块上刻下这样的文字："石敢当，镇百鬼，压灾殃，官吏福，百姓康，风教盛，礼乐张。"由此可见，石敢当用于镇门的习俗，是从唐代流传下来的。后来，人们又把"石敢当"加上"泰山"字样，意在借泰山之威，如此更是非同凡响。直至今天，把小石碑立于桥道要冲或砌于房屋墙壁，并在上面刻上"泰山石敢当"字样，用来禁压不祥之物，这种习俗在民间仍然很流行。

千百年来，"泰山石敢当"已成为全世

界华人乃至日韩及东南亚一带民众敬仰的"保护神"。"泰山石敢当"以其深邃的文化内涵，赢得了世人的喜爱，同时，"泰山石敢当"也是一笔巨大的精神财富，是独具特色的非物质文化遗产。

（五）"五岳真形图"与泰山文化

泰山文化的另一个吸引人之处便是"五岳真形图"。在中国古代家具中，经常可以见到一些神话故事的饰纹，其中就有"五岳真形图"。五岳真形图，即用五个符号分别代表五岳，这原本是道教之物，后来在民间被广泛使用。道教认为每岳均有岳神，东岳泰山的岳神是"齐天王"。而据《道藏经》记载："五岳之神，分掌世间人物，各有所属。如：泰山乃天地之孙，群灵之府，为五岳祖，主掌人间生死贵贱修短"，可见泰山的重要性。那么"五岳真形图"的作用是什么呢？前碑"跋"中曾引《抱扑子》中的话说，"凡修道之士栖隐山谷，须得五岳真形图佩之。其山中鬼魅精灵、虫虎妖怪，一切毒物，莫能近矣。"可见，"五岳真形图"具有避邪降魔

先民们认为，泰山之石可以压倒一切不祥之物

泰山奇石，昂首长空，仿佛能把人们送到仙境　　　　　　　天观殿是岱庙的主体建筑

泰山上的同心锁

之功效。

（六）泰山文化是瑰宝

泰山文化丰富多彩、博大精深，但同时也繁冗复杂、体系庞大，不便于人们理解。如果从文化结构上来看，泰山文化可分为物质文化和精神文化。在泰山文化结构层次中，属于物质文化的是主要以山水、植物及古建筑、摩崖、碑刻、道路、桥梁等为依托的山岳文化、建筑文化、石刻文化、交通文化等，它们均以客观的物质形态表现出来，且与人类的生产、生活密切相关。人工物品与自然景致的完美结合，使泰山的物质文化处处体现出和谐之美。帝王封禅、宗教活动、民间信仰等，随着历史的推进逐渐演化为一种政治制度或者

屋瓦房舍中蕴藏着深厚的
文化精髓

约定俗成的民间规则，其作为泰山文化中的制度文化，制约、影响着人们的行为，造就了泰山上丰富的物质文化，同时反映出人类的精神状态。帝王封禅所带来的意义和影响，也成就了泰山文化的精神文化部分，这集中反映在人类在泰山所从事的祭祀、封禅、朝拜、审美、游览等活动中的追求上，所有这些活动无一例外是在追求平安、祥和、统一，以致形成"泰山安则四海皆安"的共识。

在这两种不同的泰山文化中，不难看出，居于核心位置的是精神文化，而且泰山文化的核心是和谐。

目前，多数学者都认为泰山文化至少具有思想研究、文学艺术、宗教民俗等几方面的价值。在思想研究价值方面，泰山是中华民族伟大精神的象征，人们常用泰山来象征高尚伟大的精神。"重于泰山"是最为流行的比喻。泰山精神文化的内涵已成为中华民族共同的思想参照物，构成了中华文化价值取向的重要内容。在文学艺术价值方面，由于历代文人志士对泰山都有热情的歌颂和直抒情怀的赞叹，因此留下的诗赋曲艺与小说杂谈不计其数，这些都是我国文化库藏中的瑰宝。同时，泰山的历代摩崖刻石还是研究我国古代书法艺术史的宝贵资料。在民俗宗教价值方面，唐宋以后，泰山民间广泛流行香社、系红绳

拱北石因其形犹如起身探海，故又名探海石

泰山摩崖石刻

泰山的人文杰作与自然景观完美和谐
地融合在一起

消灾、压石求嗣的习俗及和"石敢当"崇拜等等，这些都是研究我国民俗发展变异的宝贵资料。这些所谓的"平安文化"，反映了当时人们普遍渴求平安祥和的心理，体现了中华民族的人文精神。而且泰山文化在不同时代有着不同的内容，作为与中华民族生存、发展共源流的泰山，其文化承载着我们民族思想文化的精华，积淀着历代先贤们的智慧。

泰山

五、泰山的地位

泰山天街又被称为"天上的
市街"

泰山是联合国教科文组织批准公布的文
化与自然遗产和世界地质公园，文化积淀深
厚，民族精神崇高，人文杰作与自然景观完
美和谐地融合在一起，一直是中国乃至世界
人文与自然景观的瑰宝。

1982年，我国政府将泰山列入全国第一
批重点风景名胜区名单，1987年12月，联
合国教科文组织将泰山列入世界自然与文化
遗产清单，这说明泰山具有深刻的历史文化
内涵。这是因为五千年来中国的政治、文化、
哲学、宗教种种人文因素不断地在泰山积淀、
发展、变化，使泰山在不同的历史阶段，都
承载着丰厚的文化内涵，在社会历史生活中

起着异乎寻常的作用。

（一）泰山是世界文明的组成部分

通过以上对泰山的介绍，我们得知庄严神圣的泰山，两千年以来一直是帝王朝拜的对象，其尊崇程度可想而知，又因其人文杰作与自然景观完美和谐地融合在一起，所以泰山也一直是中国艺术家和学者的精神源泉，是古代中国文明和信仰的象征。同时也为现代世界文明增添了重要的一笔。泰山自然景观与人文景观融为一体，文化内涵丰富。泰山被认为是发育万物的

每当山间云雾涌起，南天门便在其中时隐时现

泰山的地位

泰山寺庙

泰山的天梯十分险要

泰山

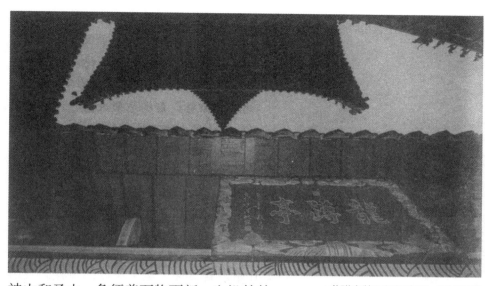

龙蹲亭牌匾熠熠生辉，昭示着泰山文化的经久不息

神山和圣山，象征着万物更新、生机勃勃，代表着天地厚德，自古以来不仅是封建帝王顶礼膜拜的圣地，也是名人雅士抒情赞颂的场所。泰山积淀了中华民族五千年的历史文明，是华夏历史文化的缩影，是中华民族精神的象征，是自然与文化遗产融为一体的典范。目前，泰山已赢得世界自然遗产，同时也获得了世界文化遗产的桂冠。可谓风光尽得。

（二）炎黄子孙心中的泰山

泰山在炎黄子孙心目中始终占据着神圣的位置，在五千年的华夏文明中，泰山积淀了丰厚的历史文化，成为古老中华文明不可或缺的组成部分。自然学家说，泰山是生命多样性的宝库；美学家说，泰山是天然造就的人间天堂；历史学家说，泰山是中华民族历史的局部缩影；哲学家说，泰山文化是中国传统文化中"天人合一"思想最形象的代表；考古学家称，泰山是个大文物；文学家说，泰山是中华民族的精神家园；而老百姓则说，泰山是座神山。这些都能够让泰山有资格成为世界文化和自然遗产。

泰山作为中华民族朝拜的神圣大山，从黄帝开始，就贯穿于整个民族的生存与发展的过程中，这是世界上其他任何一座大山所无法比拟的。泰山自古以来是历代帝王封禅告祭之所，百姓顶礼膜拜之地，文人墨客歌

登临泰山，犹如攀登
长城一样艰难

泰山

泰山被联合国教科文组织列为
世界遗产

明代《泰山志》说"泰山胜迹，
孔子称首"

泰山
116

巍巍泰山像一座民族的丰碑屹立于中华大地

泰山文化在华夏文化史
中有着特殊的地位

泰山的地位

咏抒怀处，是古代中国文明的信仰和象征，曾被誉为"中央之山""五岳之尊"。并有"泰山安，四海皆安"的说法。这些都说明泰山是中华民族的精神家园。

（三）国际上威名显赫的泰山

泰山不仅是国人敬仰的对象，在国际上也有一定的影响。现在，每年到泰山游览的

国内外游人数不胜数，尤其是越来越多的
国外友人开始慕名前来观赏。其实远在古
代，泰山之名就远播海外，在世界上有着
一定的影响。据史书记载，早在唐高宗封
禅泰山时，日本就有首领率部属随从前来
参加，而且日本僧人也曾游经泰山寺院。
他们回国后对泰山进行了宣传，也建造了
一些寺庙，供奉泰山神。即使到现在日本
本土也建庙供泰山神，同时还对具有避邪
厌殃功能的"泰山石敢当"也奉祀如仪，
充满敬畏之心。泰山信仰在日本的流传，
足以说明泰山在国际上的地位。

　　由此可见，泰山的地位和其在文化上

泰山寺庙内香气缭绕，游客
来自五湖四海

今日之泰山展示着文明古
国的风采

的意义是其他山脉无法比拟和跨越的，泰山
所起到的作用也是无法衡量的。在人类文明
的进化过程中，泰山始终起着凝聚、联合、
统一的政治作用，也始终给人们以慰藉、希
望和追求的精神力量，这也许就是泰山的真
正生命力所在。